LOUIS DE JUVIGNY

LE DROIT PUBLIC EUROPÉEN

ET LA QUESTION ACTUELLE

DEUXIÈME ÉDITION

AVIGNON
Aubanel Frères, Éditeurs
7, Place Saint-Pierre
—
1927

Lettre de S. G. Mgr l'Archevêque de Besançon

Besançon, le 18 janvier 1876.

MONSIEUR,

Je vous demande pardon du retard que j'ai mis à vous répondre. Les travaux écrasants de mon installation dans un nouveau diocèse, m'ont privé du plaisir de lire moi-même vos articles sur le règne social de Jésus-Christ.

J'ai dû en confier l'examen à un des professeurs de mon Séminaire, et c'est hier seulement, qu'il a pu me rendre compte de ses impressions.

Je ne m'étonne pas, après l'avoir entendu, des encouragements et des félicitations que vous avez reçus du P. Félix et de quelques prélats éminents.

Votre amour pour Notre-Seigneur et son Eglise est incontestable; vous êtes effrayé des maux de notre état social, et vous voulez, à l'aide de notre foi religieuse, y apporter un remède.

Vos intentions, éminemment chrétiennes, ne sauraient être mises en doute.

Je m'associe donc aux sentiments de Nos Seigneurs Guibert, Plantier et Mermillod.

J'ai appris avec plaisir la haute estime et la bienveillance qu'avait pour vous, mon vénéré Prédécesseur, vous trouverez en celui qui lui succède, un cœur aussi dévoué.

† JUSTIN, *Arch. de Besançon.*

Lettre de S. G. Mgr l'Evêque d'Hébron

MONSIEUR,

J'ai reçu votre lettre; j'admire avec quelle lumineuse démonstration vous faites toucher du doigt les grands périls et le grand remède de notre état social.

Par la publicité de vos travaux, vous amènerez l'Eglise à entrer dans ces études, et vous rendrez ainsi, d'incontestables services, à notre époque troublée.

Je vous remercie de votre lettre, et j'en ferai un vrai profit que je tâcherai d'utiliser à Rome.

Recevez, Monsieur, l'expression de mon affectueux dévouement.

† GASPARD, *Ev. d'Hébron*.

AVANT-PROPOS

La Révolution française a emprunté à l'Eglise catholique le dogme chrétien sur lequel repose la Rédemption. Ce dogme, c'est l'unité humaine. Cette vérité qui fait descendre tous les hommes d'un même couple ne vient pas de la raison. La raison ne pouvait pas l'affirmer. La Révolution française l'a reçue de la Révélation.

Elle l'a proclamée en affirmant les droits de l'homme, principe d'où découlent la liberté, l'égalité, la fraternité.

Les droits de l'homme, la liberté, l'égalité, la fraternité, impliquent la liberté du monde.

La proclamation de la liberté était absolument contraire au droit public qui a régné jusqu'en 1789.

Le poète latin disait aux Romains : « Tu regere imperio populos, Romane memento. » *Charlemagne succéda aux Romains. Le titre impérial, dans le partage de l'empire de Charlemagne, a été réservé à la race allemande, qui conserva les prétentions des Romains.*

Mais la France représentait la liberté.

Aussitôt qu'elle put avoir une politique extérieure elle prit l'initiative de la liberté en Europe.

Ce fut l'œuvre de Henri IV, poursuivie par Richelieu et Mazarin.

Le prince de Bismarck a détourné l'idée qui a inspiré la grande guerre de Trente ans.

Il n'y a plus d'Europe maintenant. Les principes sur lesquels reposait l'ancienne Europe n'existent plus.

La Confédération Germanique, qui était l'ombre du saint Empire Romain, a disparu.

Et qu'est-ce qui l'a remplacée?

C'est la Démocratie que le prince de Bismarck a rendue possible et dont il a facilité l'avènement.

Au moment où la Démocratie se confond avec l'humanité, il importe d'en faire l'histoire.

Le chef de la Démocratie romaine a élargi la base du pouvoir au delà de toutes les proportions connues. C'est pour cela qu'il a créé l'idée du pouvoir.

Les chefs des peuples se vantent encore aujourd'hui de porter le nom créé par le chef de la Démocratie romaine.

Le pouvoir, créé par César, était contrarié par les mœurs créées par la féodalité.

C'est ici que Jeanne d'Arc apparaît.

L'idée de patrie inspirée par Jeanne d'Arc fait apparaître l'idée de liberté telle que nous la comprenons aujourd'hui.

Ainsi la France, livrée par l'aristocratie, a été délivrée par une réaction démocratique.

Maintenant, c'est le droit public Européen créé par la Révolution française qui doit l'emporter, et ce droit public Européen consiste dans la liberté de l'individu, de la patrie, de l'humanité.

L'initiative de la liberté est due à Louis XVI, d'abord par sa participation à l'affranchissement de l'Amérique, puis par le titre de Restaurateur de la liberté française qui lui a été décerné par l'Assemblée Nationale, et, en dernier lieu, parce qu'il a admis la légitimité du mouvement de la Révolution française.

La Révolution française, diplomatiquement, a ébranlé le pouvoir temporel du Pape, mais en elle-même, dans son essence, elle raffermit ce pouvoir.

Qu'est-ce qui ressort de la Révolution française? Ce sont les droits de l'homme, la liberté, l'égalité et la fraternité.

Par conséquent, c'est l'idée de la cité universelle des hommes.

Eh bien, cette cité universelle des hommes, c'est la cité à laquelle appartient le Pape.

Le Pape, élevé à la dignité pontificale, n'appartient plus à sa nationalité; et cependant il reste citoyen naturel. Mais cette cité à laquelle appartient le Pape, c'est la cité humaine, naturelle, universelle des hommes dans laquelle il entre comme souverain.

Cette cité humaine, universelle, a son siège à Rome, parce que, à Rome il n'y a pas de conflit entre cette cité universelle et une nationalité distincte.

Rome, en effet, représente la cité naturelle, universelle des hommes, laquelle n'est pas entrée dans le partage. Voilà pourquoi le Pape n'est pas un souverain italien, mais humain.

LE DROIT PUBLIC EUROPÉEN

ET LA QUESTION ACTUELLE

CHAPITRE I

Le Comte de Chambord et la Révolution française

Le comte de Chambord a dit un jour aux Français : « Nous reprendrons, quand vous le voudrez, le grand mouvement national de la fin du dernier siècle en lui restituant son véritable caractère. »

C'était reconnaître hautement que le mouvement de la Révolution française était bon et légitime dans son principe.

Car, s'il n'était pas bon, pourquoi le reprendre et pourquoi lui restituer son véritable caractère?

Ainsi l'essence de la Révolution française a été réhabilitée par le dernier représentant des traditions monarchiques. Car, qu'est-ce que le mouvement national de la fin du dernier siècle, si ce n'est la Révolution française?

Et en parlant autrement le comte de Chambord se serait mis en contradiction avec Louis XVI.

Les principes de 1789, réverbération incertaine des lumières de l'Evangile, ont survécu à tous les crimes dont ils ont été le prétexte.

C'est le signe de leur majesté que tant de souillures n'aient pu les abaisser. Enveloppés encore de nuages, ils s'élèvent dans le firmament politique des peuples, ils les guident vers un avenir qui dépend désormais de leur propre conseil, car ils sont maîtres de leurs destinées.

Lorsque cet avenir sera fixé, lorsque la civilisation aura passé le cap des tempêtes et que les générations futures, affermies dans la possession de leurs droits, plus justes par conséquent, voudront rétablir la tradition obscurcie, incertaine, entre l'ancien régime et les temps nouveaux, alors il n'y aura plus de doute, on comprendra que la tradition sociale de l'Europe a passé, non par les émigrés en armes, sur nos frontières, ni par les mains sanglantes des révolutionnaires, mais par les victimes mêmes de 1793, martyrs illustres qui, acceptant en même temps la rénovation sociale, mais fidèles à la foi de leurs pères, mouraient pour cette alliance nécessaire.

A leur tête paraîtra Louis XVI, et à côté de lui, dans un cortège lumineux, tous ceux qui, à son exemple, ont mieux aimé mourir que de sacrifier aux idoles.

On comprendra que c'est le sang des martyrs et leur acceptation héroïque qui ont valu aux armées républicaines l'ascendant nécessaire pour protéger le sol de la patrie, et qui, par conséquent, ont sauvé le germe sanglant de la société nouvelle et qui ont fini par susciter en faveur de la vérité sociale faussée et méconnue un témoin nouveau, Napoléon, terrible à ses ennemis, et que la main de la Providence semblait conduire elle-même jusqu'au jour où il voulut tourner au profit de sa propre grandeur et à sa gloire seulement, la force et le génie qui lui avaient été donnés pour raffermir sur ses bases la société humaine ébranlée.

CHAPITRE II

Dix-sept cent quatre-vingt-neuf

Quel est le sens de ce point culminant de l'histoire?

Ce n'est pas seulement le passage entre l'ancien régime et la société nouvelle.

Ce n'est pas seulement un abîme infranchissable qui s'est creusé tout à coup entre l'ordre social du passé et celui de l'avenir. C'est le moment solennel où la loi du progrès a été promulguée au milieu de la foudre et des éclairs.

« Dieu, a dit le P. Félix *(Conférences sur le « Progrès par le Christianisme)*, comme il fait « pour l'Océan, nous purifia dans la tempête, et « il lui plut cette fois de proclamer par des coups « de foudre la loi du progrès humain, au sein « d'une société qui périssait faute de vertu et « s'écroulait dans la corruption.... » « Le pro« grès est, dans le sens légitime de ce mot, la « résolution unanime des hommes et des sociétés « au XIXme siècle. »

Et telle a été la grandeur de cet événement, telle a été la commotion produite sur l'imagination des hommes, qu'ils ne peuvent ni s'en dégager, ni trouver la ligne à suivre au milieu des ruines du passé, incertains entre les anathèmes de quelques-uns et les revendications audacieuses et téméraires des autres.

Mais, ce qui est certain, c'est que les révolutionnaires eux-mêmes ont donné, sans le savoir, à la loi du progrès un caractère chrétien.

Révolution signifie littéralement retour d'un astre à son point de départ; de sorte que si l'on transporte cette expression dans l'ordre moral et si l'on se place au point de vue chrétien, on peut s'exprimer ainsi : la restauration progressive des sociétés humaines; puisque cette expression, d'après les dogmes catholiques, ne peut exprimer qu'un retour vers cette alliance parfaite qui existait au commencement entre l'homme et Dieu.

Dans cet ordre d'idées, l'histoire peut être considérée comme une immense révolution, qui, prenant la société dans l'état de dégradation où elle était tombée dans l'antiquité, tend à la rétablir dans l'intégrité de ses lois primitives.

Constantin — Charlemagne — Saint Louis — Jeanne d'Arc en marquent les étapes successives, elle agit tantôt dans les sphères supérieures des intérêts humains, tantôt elle pénètre dans les entrailles mêmes de la société pour reformer les rapports immédiats des hommes entre eux.

Voilà donc un dogme chrétien que les révolutionnaires ont affirmé sans le savoir et sans le vouloir.

2

Ils ont affirmé la chute originelle et la Rédemption. Car c'est en vertu de ces deux dogmes que le progrès ne va pas en ligne droite, mais en ligne circulaire. Il n'est pas semblable au développement régulier de la plante.

C'est une restauration, une réforme, un retour.

C'est ainsi que l'entendait Virgile au moment même de l'établissement du christianisme.

C'est assurément une chose singulière que cette profession de foi chrétienne dans un langage barbare qui cache, sous un voile épais et presque impénétrable, des vérités sublimes.

CHAPITRE III

Domination et Liberté

Jusqu'à présent le rêve de tous les conquérants, hommes ou peuples, a toujours été de s'emparer de l'humanité, de la dominer et de lui imprimer le cachet de leur génie.

C'est pourquoi la civilisation a toujours été, jusqu'à présent, nommée par le nom d'un peuple.

Elle a été successivement grecque, romaine; puis nommée par les noms des peuples du Nord qui ont envahi le monde latin.

Le poète latin a dit :

« *Tu regere imperio populos, Romane memento.* »

Et lorsque la domination romaine s'est écroulée sous les efforts des barbares, le plus grand d'entre eux, Charlemagne, n'a pas pensé qu'il pût faire autre chose que de s'envelopper à son tour de la majesté du peuple romain et de jeter sur ses épaules la pourpre impériale, signe de la Domination.

Après le partage de l'Empire de Charlemagne, le titre impérial fut réservé à la race allemande. La possession de ce titre donna naissance au saint

Empire Romain qui fut, non la réalisation, ni même le droit, mais du moins le signe de l'unité politique de la chrétienté.

Même dans ces limites et avec ces réserves, le titre de chef du saint Empire Romain était la plus haute dignité politique de l'Europe et le plus haut sommet que pouvait se proposer l'ambition humaine.

Pour se rendre compte des prétentions du chef du saint Empire Romain, il suffit de se rappeler l'aventure de ce roi d'Angleterre, Richard Cœur de Lion, comparaissant en accusé devant la diète germanique réunie à Worms. « Il n'eut besoin, « dit Augustin Thierry, que de promettre pour sa « rançon cent mille marcs d'argent et de s'avouer « vassal de l'Empereur, pour être absous sur tous « les points. Cet aveu de vasselage qui n'était « qu'une simple formalité, avait de l'importance « aux yeux de l'Empereur, à cause de ses préten- « tions à la domination universelle des Césars « de Rome dont il se disait héritier. »

Ces prétentions, acceptées par les Gibelins en Italie, justifiées dans le livre de la monarchie du Dante, étaient repoussées par la France.

La France représentait la liberté. La mission de la France est écrite dans son nom : France signifie affranchissement.

La liberté a pénétré le nom de la France comme la grandeur a pénétré le nom de Charlemagne, comme l'idée du pouvoir a pénétré le nom de César.

La France n'est pas un peuple conquérant. Les conquêtes qu'elle a faites quelquefois, elle n'a jamais su les garder.

La conquête n'est pas son génie. C'est un peuple libérateur.

France signifie en même temps loyal et libre. Pour se répandre au dehors il faut qu'elle répande la liberté.

Le Tasse lui a rendu hommage en appelant le peuple Européen : — *il popolo franco* — ce qui signifie que l'Europe n'existe parfaitement dans l'intégrité de son génie et de ses destinées que si elle est libre comme la France.

Quatre peuples lui rendent un témoignage semblable qu'il est impossible de contester : les Etats-Unis d'Amérique, la Grèce, la Belgique, le Milanais.

Ces peuples affranchis par le concours de ses armes attestent son génie.

D'autres peuples ont marqué leur passage dans l'histoire par des conquêtes.

Telles l'Angleterre et la Russie.

Les titres de la France sont des affranchissements sans aucun profit pour elle.

CHAPITRE IV

L'Allemagne et la France

Avant l'avènement de la maison de Bourbon, la France ne pouvait guère avoir de politique extérieure. Il fallait d'abord que son territoire fût reconstitué, que ses provinces, détachées les unes des autres par la féodalité, fussent réunies de nouveau. Il fallait que son indépendance, longtemps mise en péril par l'Angleterre, fût définitivement assurée. Ces deux choses étaient faites lors de l'avènement de la maison de Bourbon.

Henri IV, pacificateur de la France, ayant rétabli l'unité nationale, pouvait songer à prendre parti dans les questions extérieures qui intéressaient le sort de toute l'Europe.

A cette époque, il était impossible d'envisager la situation générale de l'Europe sans rencontrer, devant soi, comme un péril redoutable, les prétentions de la maison d'Autriche à la domination universelle, prétentions soutenues par une puissance imposante et une merveilleuse habileté.

Henri IV comprit que lui seul pouvait s'y opposer d'une manière efficace. Mais que pouvait-il proposer aux Princes, blessés comme lui par l'ambition Autrichienne, sinon un système d'équilibre assurant à chaque état son autonomie et son indépendance?

Ceux qui ont critiqué le plan de Henri IV n'en ont pas contesté la générosité et la grandeur. Ils l'ont considéré comme une utopie; mais ils n'ont pas fait attention que la revendication de la liberté, qui est la mission de la France, ne pouvait pas se produire sous une autre forme.

Il fallait opter entre ces deux résultats : ou la domination, la prépondérance exclusive d'une seule puissance, ou la liberté garantie par une confédération. C'est la même politique que Napoléon Ier, ramené à la vérité par ses désastres, proposait à l'Europe en 1815 dans l'acte additionnel, et qu'il expliquait plus tard à Sainte-Hélène à ses compagnons d'armes.

La politique de Henri IV fut continuée par Richelieu et par Mazarin.

Or, dans cette longue guerre qu'on a appelée la guerre de Trente ans, la France eut pour alliée l'Allemagne du Nord, c'est-à-dire le même intérêt, qui a triomphé par la création du nouvel Empire d'Allemagne.

Seulement, lorsque les princes dissidents combattaient avec la France contre l'Autriche, ils revendiquaient la liberté, non la domination.

Deux cents ans plus tard, la Prusse ne réclama plus à l'Autriche la liberté, mais l'empire; et elle rejeta l'Autriche en dehors de l'Allemagne.

Mais, comment l'Allemagne du Nord, érigée aujourd'hui en Empire, a-t-elle pu épouser les griefs que les souvenirs de la guerre de Trente ans ont pu laisser dans le cœur de l'Autriche?

C'est bien l'Allemagne du Nord, représentée aujourd'hui par la Prusse, qui a vaincu et dépouillé l'Autriche.

Les souvenirs de la campagne des Suédois sont encore vivants en Alsace et les Suédois étaient bien les alliés de l'Allemagne du Nord.

Il est difficile d'intervertir d'une manière plus radicale les rôles historiques de l'Allemagne, de l'Autriche et de la France à l'époque de la guerre de Trente ans.

L'Allemagne était en guerre avec l'Autriche et il arriva un moment où le secours de la France lui devint absolument nécessaire : « Après la « défaite des Suédois à Nordlingen, dit Schiller, « on se trouvait en présence de cette extrémité : « la France indispensable.... Elle entra sur la « scène avec un éclat et un honneur éblouissants.

« Déjà Oxenstiern, à qui il en coûtait peu de « se montrer prodigue des droits et des posses- « sions de l'Allemagne, avait cédé à Richelieu la « forteresse de Philippsbourg et d'autres encore « qu'il avait demandées. Les protestants de la « haute Allemagne déléguèrent à leur tour, et en

« leur propre nom, une ambassade pour mettre « sous la protection française la place forte de « Brisack et toutes les autres villes de guerre du « Haut-Rhin qui étaient les clefs de l'Empire « Germanique. »

L'Alsace fut conquise sur la maison d'Autriche, non par la France, mais par l'Allemagne du Nord et ses alliés les Suédois, et l'Allemagne offrit cette conquête à la France en échange de ses services.

Comment donc l'empire actuel peut-il se plaindre d'avoir été dépouillé d'une province qui ne lui a jamais appartenu?

Ce grief est d'autant plus singulier que, sans le secours de la France, l'empire actuel, héritier de l'Allemagne du Nord, n'existerait pas.

Qui peut dire ce que serait aujourd'hui la Prusse sans l'intervention de la France dans la guerre de Trente ans?

Nous voilà bien loin du système politique qui a présidé à la guerre de Trente ans.

C'était une lutte pour la liberté, à quoi a-t-elle abouti?

La paix de Westphalie-Sadova-Sedan ont abouti à la création d'un nouvel empire, autrement dangereux pour la liberté de l'Europe que l'Empire d'Autriche.

C'est un immense oiseau de proie planant sur l'Europe.

Il ne reste plus rien de la vieille Europe. Que reste-t-il du saint Empire Romain?

La Confédération Germanique en était l'ombre. L'ombre même a disparu.

Tous les Alsaciens se rappellent la proclamation du roi de Prusse lorsqu'il est entré en Alsace.

Il affirmait qu'il venait combattre l'Empereur Napoléon III, mais qu'il n'avait rien à faire avec le peuple Français.

Mais lorsque le peuple Français, se séparant de son gouvernement, affirma la République, le roi de Prusse continua la guerre.

A la veille de cette seconde guerre, lorsque, dans les conférences de Ferrières, M. Jules Favre, accablé par la défaite de son pays, cherchait à obtenir quelques concessions de son vainqueur en invoquant l'intérêt de sa gloire, le prince de Bismarck l'interrompit et lui dit : « La gloire, « c'est une chose qui n'est pas cotée chez nous ! »

Et maintenant rapprochez ces trois phrases :

« Il n'y a plus de gloire. »

« Il n'y a plus d'Europe. »

« La force prime le droit. »

Est-ce que cette strophe ne sonne pas comme un chant de mort?

Il s'est trouvé un prince de sang royal pour mener les funérailles de la vieille Europe. Et ce qu'il a frappé surtout d'un coup terrible, c'est la majesté royale.

Il a jeté dans la boue, à Sadova, le blason de l'Empire Germanique, et il s'est trouvé que les dépouilles dont il s'est emparé n'avaient plus de sens.

Destructeur impitoyable, il a fauché avec le même sang-froid et le même dédain, amis et ennemis.

Il a fait de tous les rois ses complices d'abord, puis ses victimes.

Et ces princes Allemands, qui lui ont donné le concours de leurs armes et de leurs trésors, comment les a-t-il traités?

Ce sont eux qui ont posé sur sa tête la couronne impériale.

Ils ont franchi la frontière Française en souverains; ils sont rentrés dans leurs royaumes à l'état de préfets héréditaires, n'ayant plus sur leurs fronts que des couronnes de théâtre; et c'est là le triomphe qu'ils ont obtenu pour prix de leur victoire.

Telle est l'œuvre du chancelier de fer. Parmi les ancêtres communs de l'Allemagne et de la France, il y a un homme qu'on a appelé Charles Martel. Le marteau du prince de Bismarck n'a pas protégé l'Europe. Il a frappé et réduit en poussière tous les débris du passé.

Ce que la Révolution française n'avait fait qu'à moitié, le prince de Bismarck s'est chargé de l'achever.

Il a créé une situation dans laquelle il n'y a plus rien de possible que la Démocratie.

CHAPITRE V

Les Traditions démocratiques

Au moment où la démocratie se confond avec l'humanité, il importe d'en rechercher les traditions.

C'est à Athènes, sur ce sol privilégié, que la démocratie parut pour la première fois sur la scène de l'histoire.

Ce qui frappe en elle dès l'abord, c'est le caractère universel de son génie.

Cette petite bourgade vit et agit comme si elle portait les destinées du genre humain. C'est elle qui, résumant l'antiquité, en a transmis les richesses aux peuples modernes.

C'est elle qui a donné à l'art, à la poésie, à la philosophie, ces formes superbes et magistrales qui ont dominé la civilisation.

Lorsqu'elle est tombée, les vibrations de la liberté mourante, dans l'âme de Démosthènes, ont eu un tel éclat qu'elles se sont confondues avec l'éloquence elle-même, et elles n'ont cessé de retentir de siècle en siècle, de peur que le genre humain n'oubliât la liberté.

On peut juger de ce que valait cette civilisation par la splendeur de sa décadence. Car, animé et formé par elle, le plus grand homme de guerre de l'antiquité, prenant dans sa main toutes ces nations qui n'étaient plus libres, ne put répandre en Orient que la poussière de cette grande chose qui avait été la Grèce. Et cependant, des débris mêmes de la Grèce, sur le point du globe choisi par Alexandre, il se forma une nouvelle civilisation.

L'Empire Romain lui-même, dans sa décadence, reçut de la Grèce assez de vigueur pour subsister jusqu'au seuil des temps modernes.

Mais ce qui est resté dans la mémoire des hommes, ce n'est ni la civilisation d'Alexandrie, ni l'Empire Grec de Bizance, c'est la lutte victorieuse de la Grèce contre l'étranger, et les derniers efforts de la liberté contre l'ennemi extérieur.

La démocratie romaine n'a pas ébloui le monde, comme la Grèce, par l'éclat des arts, par l'image et la poésie de la liberté.

Quoique, dans la longue lutte qu'elle a soutenue contre l'aristocratie et qui forme toute l'histoire romaine, elle ait été à la fin victorieuse, elle n'a pas fondé la liberté.

Elle a fondé le pouvoir en lui donnant la base la plus large qu'il ait revêtue jusqu'alors.

César, qui se vantait fièrement devant le peuple d'appartenir à la famille la plus ancienne et la plus noble de Rome, fut le successeur des Gracques et de Marius. Sylla, chef du parti contraire, dictateur tout-puissant, répondait à ceux qui lui parlaient en faveur de César : « Prenez garde, « j'aperçois dans ce jeune homme plusieurs « Marius. »

César victorieux donna au pouvoir pour base, non plus l'intérêt d'une caste ou d'une cité, mais l'intérêt de l'humanité.

Il prit le parti du peuple contre la noblesse, de l'Italie contre Rome, des provinces contre Rome et l'Italie.

Mais les provinces, c'était le monde connu.

C'est pour cela qu'il a fondé le pouvoir.

Tel est le sens de la révolution opérée par lui. Ça été une révolution non pas seulement romaine, mais humaine. Il a confondu Rome avec l'humanité.

Et il est arrivé que les plus fières aristocraties, les plus illustres dynasties, ont pris naissance en Europe à l'abri du pouvoir fondé par le chef victorieux de la démocratie romaine.

En effet, tout le monde sait que les aristocraties modernes sont sorties de la féodalité, laquelle s'est établie à l'ombre de l'Empire Romain rétabli par Charlemagne.

Est-ce que les rois de l'Europe ne se parent pas, encore de nos jours, du titre impérial créé par le chef de la démocratie romaine?

Ainsi, les traditions démocratiques de l'Europe sont les traditions dominantes, car la cause, la raison d'être du pouvoir, se trouve dans la victoire de la démocratie romaine.

CHAPITRE VI

Jeanne d'Arc

Au XVme siècle l'existence de la France était en péril. La noblesse Française avait succombé glorieusement dans les batailles de Crécy, de Poitiers, d'Azincourt, puis elle s'était divisée en deux factions ennemies qui se disputaient les lambeaux de la puissance nationale au lieu de la défendre contre l'étranger.

Le mal qui détruisait la France était à l'intérieur. Il était dans les mœurs créées par la féodalité. Les Seigneurs étaient tour à tour Anglais ou Français, au gré de leurs intérêts ou de leurs passions. L'ennemi n'avait que le choix des alliances parmi eux.

Les rois disposaient des provinces ou du royaume comme d'un bien qui leur appartenait.

« La France, livrée par tous ceux qui la « devaient défendre, le roi, les princes, les Etats « généraux, les Parlements, l'Université de France, « n'avait de refuge pour sa nationalité qu'auprès

« d'un prince deshérité par son père comme un « assassin et dans le camp plus que jamais odieux « des Armagnacs [1]. »

Sans une puissante réaction démocratique, la France était perdue. C'est alors que le peuple prit en main la cause de la patrie.

Orléans était le dernier boulevard de la Monarchie. Les habitants en avaient pris la garde par un privilège dont ils étaient fiers.

Dès que la ville fut menacée, les trois quarts des revenus communaux furent consacrés aux fortifications; Bourges, Poitiers, La Rochelle, Montpellier envoyèrent des vivres et des munitions. Puis, au moment décisif, les garnisons de Gien, de Château-Renard, de Montargis, de Blois, vinrent partager, avec les habitants, les périls du siège.

Cependant, malgré la bravoure de ses habitants, Orléans allait succomber lorsque Jeanne d'Arc parut.

Elle était à peine arrivée à Orléans, c'était le second jour; elle se reposait lorsqu'elle fut réveillée par une attaque faite à son insu contre les ennemis.

« Ah! méchant garçon, dit-elle à son page, « vous ne me disiez pas que le sang de France « fût répandu. Il n'y avait sur le champ de « bataille ni roi, ni prince royal. Il n'y avait que « le sang du peuple. Et c'est là ce que Jeanne

1. *Jeanne d'Arc*, par Vallon.

« d'Arc appelait le sang de France. » (L'abbé Bernard, *Panégyrique de Jeanne d'Arc*).

Le sang royal et le sang du peuple ne sont, aux yeux de Jeanne d'Arc, qu'une seule chose, la Nation, la France.

Le mot de Patrie n'existait pas encore dans la langue française; elle ne pouvait pas l'employer. Elle trouva dans son cœur un mot plus magnifique pour désigner cette chose pour laquelle elle se dévouait, qu'elle venait réclamer, c'est-à-dire délivrer, et pour laquelle elle allait mourir.

Elle l'appela le sang de France. Tel est le point de départ de la liberté dans les temps modernes.

Il est bien vrai que le peuple romain a formé le sol politique sur lequel nous marchons. Il a créé l'unité de la civilisation humaine. Il a rassemblé tous les peuples dans la même enceinte.

Puis, dans cette enceinte, les barbares sont entrés avec des mœurs plus favorables à la liberté individuelle.

Mais l'idée de patrie telle que nous la comprenons aujourd'hui; cette chose qui n'existe pleinement que par la solidarité de toutes les classes, fut longtemps étouffée par les principes qui régissaient la féodalité. Elle fut révélée par Jeanne d'Arc.

CHAPITRE VII

De l'Initiative française

Lorsque l'esprit humain, au XVIme siècle, sortit de la tutelle du Moyen Age acceptée volontairement pendant plusieurs siècles, il prouva la fécondité de cette longue discipline en déployant tout à coup, dans toutes les sphères de son activité, une puissance extraordinaire.

L'entreprise de Christophe Colomb, qui ouvre avec magnificence l'ère des temps modernes, comme un portique superbe, donne la mesure du monument dont il est l'entrée; cette entreprise suppose, dans sa conception, une fermeté intellectuelle, et dans l'exécution, une audace dont les âges précédents n'offrent pas d'exemple.

Les arts prirent un essor éblouissant, les sciences furent renouvelées. Il s'en faut cependant que l'émancipation de la raison humaine, dans le domaine des sciences naturelles, se soit accomplie facilement.

Pour se rendre compte des difficultés rencontrées par les savants des XVIme et XVIIme siècles, il faut lire, dans les *Pensées* de Pascal, le chapitre intitulé : *De l'autorité en matière de philosophie.*

Après avoir distingué avec soin les sujets qui relèvent de l'autorité et ceux qui tombent sous les sens et sous le raisonnement, il dit en parlant de ces derniers :

« L'autorité y est inutile, la raison seule a le « droit d'en connaître. Elles ont leurs droits sépa- « rés. L'une avait tantôt tout l'avantage; ici « l'autre règne à son tour. »

Mais cette indépendance de la raison à l'égard de l'antiquité que Pascal revendiquait dans le domaine des sciences naturelles, il était loin de l'admettre dans les choses politiques.

La raison humaine n'était pas encore capable de cette audace. Ce fut le grand caractère de la Révolution française.

M. Guisot, dans ses *Mémoires*, constate ce caractère de la révolution. Il lui rend hommage. Il l'admire et le condamne.

Napoléon, à Sainte-Hélène, le justifie et en assume la responsabilité.

Présentant à ses compagnons d'armes l'apologie de sa carrière, il déclare que sa plus haute ambition avait été d'établir, de consacrer enfin, l'empire de « la raison et le plein exercice, l'en- « tière jouissance de toutes les facultés humai- « nes. »

Dans le camp opposé, les esprits les plus éminents reconnaissent que ce caractère essentiel de la Révolution française s'est imprimé sur la civilisation moderne.

« La liberté, le développement complet des « facultés humaines, disent MM. de Mérode et de « Beaufort, tel est le but avoué, tel est le vœu « universel de notre époque. »

Joseph de Maistre signale le même fait avec la puissance et l'originalité de son génie : « On « dirait que l'esprit humain étouffe dans le cer- « cle antique des facultés humaines, devenu trop « étroit pour lui, et qu'il se débat comme l'aigle « captif contre les barreaux de sa cage. »

Ainsi, de l'aveu de tous, l'émancipation de la raison humaine est la marque de notre époque. Et cette marque paraît bien définitive et irrévocable. Car ceux même qui veulent réagir, dans un intérêt de conservation sociale, contre les résultats de la Révolution française, ne prennent pas pour point d'appui les traditions, mais la raison elle-même, de sorte que tout en essayant d'ébranler le nouveau monde qui en est sorti, ils en affermissent la base.

Mais qui parle encore de relever les traditions perdues, effacées, par lesquelles la substance des civilisations Grecque, Romaine et barbare nous avait été transmise?

Qui propose d'en rechercher les débris dans la poudre du vieux monde écroulé, pour les reconstituer et en confier de nouveau la garde à une aristocratie ou à une institution quelconque? Or, il n'y a pas de milieu. Ou ce sont les traditions qui doivent régner — je parle de l'ordre naturel — ou c'est la raison.

Assurément ceux qui, les premiers, abandonnant les rivages du vieux monde, se sont élancés sur les flots mouvants des choses humaines, sans chemin tracé devant eux, sans règles dans les traditions, devaient avoir au cœur ce courage indomptable et cette triple cuirasse dont parle Horace.

Les revers et les déceptions furent tels que les esprits les plus fermes pouvaient en être ébranlés.

Où les porterait le vent de la tempête?

Le but poursuivi n'était-il pas quelque chose comme le mirage qui égare le voyageur dans le désert?

C'est alors qu'un observateur sceptique, plus désintéressé qu'il ne convient dans le drame des destinées humaines, déclara, avec une indifférence dédaigneuse, que l'expérience tentée en 1789 était sans doute fort honorable pour la France, mais qu'il fallait bien reconnaître qu'elle était manquée.

Le comte de Chambord a été plus patriote, il a parlé avec la grandeur de sa race, lorsqu'il a dit qu'il fallait reprendre le mouvement national de la fin du dernier siècle, en lui restituant son véritable caractère.

Il faut le reprendre, car si cette entreprise est restée en suspens, elle a eu ce résultat incontestable de rendre impossible le retour au passé et de creuser un abîme désormais infranchissable entre les deux sociétés, entre les deux civilisations qu'elle a séparées pour toujours. « Le vieux « monde est à bout, le nouveau n'est pas assis », disait Napoléon.

Il faut donc nécessairement résoudre le problème posé par la Révolution française. Car la société étant sortie d'une manière définitive des conditions anciennes de son existence, si elle ne trouvait pas les lois du nouveau monde, se condamnerait elle-même. Elle constaterait elle-même sa décadence et sa ruine.

Et ce problème ne pèse pas seulement sur la France, il est commun à toute l'Europe.

La civilisation du continent Européen a passé par les mêmes phases, elle tend partout aux mêmes résultats.

Le monde barbare a succédé sur les mêmes lieux au monde latin; l'organisation féodale à l'organisation latine.

Puis l'émancipation des communes commença le monde moderne; et, comme toutes les phases antérieures à la civilisation occidentale, celle-ci fut également universelle, je veux dire commune à toute l'Europe.

La transformation présente, dont nous sommes les témoins et les acteurs, aura le même caractère d'universalité. Non seulement l'Europe est animée par une civilisation commune, mais cette civilisation, formée lentement sur le théâtre le plus éclatant de l'histoire par la culture éminente des arts et des sciences, enrichie des trésors accumulés de tous les peuples, portée par les races les plus fortes et les plus hardies, contient les destinées du genre humain.

Elle est évidemment appelée à se répandre sur tout le globe sur lequel elle exerce déjà une autorité et une sorte de tutelle incontestées.

Il était impossible que l'unité de la civilisation Européenne ne créât pas entre les nations de l'Europe une solidarité plus ou moins étroite. Cette communauté politique imparfaite a toujours été reconnue. Elle a reçu différents noms selon les temps.

Dans les âges de foi, on l'appelait la chrétienté ou la République chrétienne.

Plus tard, ce fut l'équilibre Européen. Sous le règne de Louis Philippe, un nom nouveau fut accrédité dans la langue diplomatique.

La communauté politique de l'Europe fut appelée le Concert Européen.

Pour rencontrer un fait analogue dans l'histoire, il faut remonter jusqu'à la Grèce antique.

Quoique la Grèce fût divisée en républiques distinctes et indépendantes, ces états souverains reconnaissaient qu'ils appartenaient à une patrie commune, ayant la même origine et les mêmes destinées.

A l'heure du péril, ils se souvenaient de ce lien fraternel, ils l'invoquaient comme un titre reconnu. Ils se glorifiaient de leur dévouement à la patrie commune.

Démosthènes rappelait au peuple Athénien qu'il avait plus contribué à la défense de la Grèce que tous les autres peuples ensemble.

« Tant que l'on se battra en Europe, ce sera « une guerre civile », a dit Napoléon. Et quand il connut la création diplomatique qui a été appelée : « La Sainte Alliance », il s'écria : « C'est « une idée qu'on m'a volée. »

Il n'aurait pas été digne de sa fortune, s'il n'avait pas eu le sentiment de la communauté politique Européenne.

C'est le fait le plus considérable de l'histoire dans l'ordre politique.

Il est contemporain de l'établissement du christianisme. Il a suivi, à travers les siècles, une marche parallèle.

L'Europe est la cité humaine organisée, en dehors de laquelle les peuples ne jouissent pas, dans leur plénitude, des conditions essentielles de la vie sociale.

Elle fut construite par le génie patient et fort du peuple Romain.

Puis les barbares y pénétrèrent; et, un jour, le plus grand d'entre eux releva la cité que ses ancêtres avaient détruite. Il s'enveloppa de sa gloire, en reprit les titres et les honneurs.

Lorsque l'unité de souveraineté, un moment rétablie par Charlemagne, fut détruite, une sorte de fédération latente lui succéda.

L'action commune de la République chrétienne pouvait se produire encore, malgré la division de la souveraineté. Les croisades en sont une preuve mémorable.

Pendant ces longues guerres, l'Europe se souvenait de son unité, comme la Grèce, lorsqu'elle se trouvait en présence de l'Orient.

Eh bien! la cité humaine organisée qui est l'Europe, est aujourd'hui le théâtre d'une crise suprême dont l'issue décidera pour de longs siècles des destinées du genre humain, si la civilisation qui l'anime se divine d'une manière définitive; si elle se déchire en deux ou trois directions opposées, comme elle en paraît menacée, ce sera la fin de l'Europe; et nous entrerons dans les ténèbres du chaos pendant un espace de temps indéterminé, jusqu'à ce qu'un peuple plus heureux, favorisé par la Providence, ait allumé, sur un point du globe encore inconnu, un nouveau foyer de civilisation.

Si, au contraire, la civilisation sort victorieuse de la crise qu'elle traverse, elle retrouvera par sa victoire même l'unité qu'elle a perdue, et elle débordera de ses limites actuelles devenues trop étroites pour sa puissance agrandie.

Nous sommes donc arrivés à une heure solennelle de l'histoire.

Jamais dispute d'une plus grande portée n'a divisé l'humanité. Elle a d'abord été agitée dans les livres; puis elle a éclaté à la tribune.

De là elle est descendue sur les champs de bataille.

La victoire a passé alternativement d'un camp à l'autre.

Aucun de ceux qu'elle a favorisés n'a su en profiter pour terminer la crise de l'Europe.

La victoire est stérile lorsqu'elle n'est pas suivie de ces transactions nécessaires dont les grands conquérants, hommes ou peuples, ont le secret; car la violence seule ne peut rien fonder.

Ce n'est pas assez de vaincre si les victorieux ne savent pas bien user de la victoire.

Assurément, si l'empereur Napoléon Ier, arrivé à l'apogée de sa puissance, avait adressé aux rois de l'Europe la proposition de congrès, qui étonna l'Europe en 1863, l'assemblée des rois, réunie à Paris, ou à Milan, qui fut le siège de l'Empire d'Occident, aurait pu être le Champ de Mai ou les Etats généraux de l'Europe.

Le congrès que Napoléon Ier ne voulut pas convoquer, fut réuni contre lui.

Mais le problème sous lequel il avait succombé, ne fut pas résolu par ses adversaires.

Les délibérations du congrès de Vienne furent vaines.

Elles n'eurent d'autre effet que de donner un instant au monde l'image ou plutôt l'illusion de la communauté Européenne rétablie.

Alors la délibération descendit du haut de ces assises solennelles dans les conversations des peuples. Elle se continua dans les formes nouvelles qui constituent les relations des états modernes. Car ce n'est pas seulement par la diplomatie que les nations communiquèrent entre elles. Les assemblées délibérantes, la presse, mettent les peuples en présence les uns des autres comme dans un immense forum.

La France n'est pas exclue de ce Conseil permanent qui subsiste par le seul fait de la publicité.

Entre tous les peuples que l'on peut considérer comme les fondateurs de la communauté Européenne, il n'y en a pas qui aient eu dans cette œuvre une part plus grande et plus glorieuse.

Il n'y en a pas qui lui aient apporté un concours plus généreux; qui aient, avec plus de persévérance, défendu la liberté de l'Europe, étendu sa gloire, affermi sa prééminence sur le globe.

Le poète italien lui rend un témoignage éclatant, lorsqu'il appelle l'Europe coalisée en Orient « *Il populo franco* », il ne croyait pas diminuer l'Europe en l'identifiant avec la France.

Après de tels services rendus à la civilisation, comment la France pouvait-elle prévoir qu'elle serait l'objet d'une guerre d'extermination?

L'horizon nouveau qui s'est ouvert tout à coup devant nous, est tellement sombre et triste que la France peut se glorifier de ne l'avoir pas cru possible. Ce serait l'Europe transformée en une arène de gladiateurs, la guerre déshonorée; ce serait la barbarie, multipliée par les progrès de la science; ce serait le suicide de la civilisation tournant contre elle-même les moyens prodigieux de destruction inventés par son génie.

Si la France devait être victime de cette superbe

imprévoyance, elle pourrait dire en tombant : « Je meurs avec l'Europe. »

Mais tant que l'Europe subsistera, personne ne croira qu'il soit possible que la France y vive et qu'elle y ait perdu son droit de cité.

Si, pour résoudre le problème qui pèse sur toute l'Europe, une autre nation était tentée de mettre comme Brennus le poids de son épée dans un des plateaux de la balance, elle se tromperait.

On peut agir ainsi lorsqu'il s'agit de mesurer la rançon d'un peuple. Mais les problèmes de l'ordre moral ne peuvent être résolus de cette manière.

La carrière de Napoléon Ier le prouve. Il voulut arracher le problème des mains de ceux qui l'avaient porté avant lui. Il voulut le soustraire à la discussion publique, le résoudre seul et en imposer la solution.

Ce fut une erreur. C'est par l'épée que les civilisations déjà formées se défendent et se propagent. Ce n'est point par l'épée qu'elles se fondent ou se transforment.

Il le reconnut à Sainte-Hélène. Et, avant de mourir, il jeta cette parole aux vents de l'Océan, incertain sur quel point de la terre elle tomberait : « Le premier roi qui se mettra sincère-« ment à la tête des peuples sera maître du « monde, et il pourra tenter tout ce qu'il voudra. » Il fut en ce moment le tribun de l'humanité.

Mais, en entrant dans les régions sereines de l'Eternité, en face de la postérité qui devait le juger et à laquelle il livrait sa gloire, désintéressé désormais dans le drame qui se jouerait après lui, il ne voulut pas jeter sur l'Europe un brandon de discorde, mais un moyen de salut.

Il confiait donc à l'élément conservateur de l'Europe, c'est-à-dire à la royauté, le soin de la liberté.

En même temps il évoquait la liberté sous la forme qu'elle revêtira nécessairement lorsque l'heure de la victoire aura sonné. Il évoquait la souveraineté collective Européenne. Tant que cet acteur nouveau n'aura pas paru sur la scène, il n'y aura pas de solution possible.

Les époques héroïques de l'Occident ont toujours été signalées par les réveils de cette puissance innommée, éparse, divisée, incertaine de sa direction dans les temps ordinaires, mais qui se lève dans les heures de péril.

Au Moyen-Âge, c'est elle qui a fait les croisades.

Aux XIIIme et XIVme siècles, elle a émancipé les communes; et, de nos jours, c'est elle qui a délivré la Grèce et qui a commencé de cette manière la fusion de l'Occident et de l'Orient.

Le nouveau monde sera son ouvrage. Pour une telle œuvre, il faut un ouvrier de cette taille et de cette puissance.

CHAPITRE VIII

La Démocratie moderne

C'est la liberté humaine que la France a réclamée en 1789, non pas seulement pour elle, mais pour tous les peuples.

Elle a parlé comme si elle était le fondé de pouvoir du genre humain. C'est ce caractère universel que nous avons trouvé dans la civilisation Grecque et dans la civilisation Romaine.

Voilà pourquoi M. Thiers a pu prononcer à la tribune française ces paroles mémorables : « Si « la Révolution anglaise portait dans ses flancs la « liberté anglaise, la Révolution française portait « dans les siens la liberté du monde. »

Et, pour corroborer cette sentence, M. D'Israëli a dit : « Il y a aujourd'hui en Europe une puis« sance plus grande que celle des rois, des empe« reurs et des congrès, c'est l'opinion publique. »

Le temps de la domination est passé; c'est la liberté qui a vaincu Napoléon. « C'est la flèche « des nations qui a percé l'aigle dans les airs », selon l'expression de lord Byron.

La liberté qui s'est dressée un jour devant Napoléon, lorsqu'il eut méconnu sa mission, ne s'arrêtera pas.

Mesurez les pas qu'elle a faits dans ce siècle; comptez les Etats nouveaux qui se sont formés : la Grèce — la Serbie — le Monténégro — la Roumanie — la Bulgarie — la Belgique — le Milanais — Venise — la Hongrie, qui a conquis l'Egalité avec l'Autriche.

Voilà pour les nations; quant aux droits de la personne humaine, suivez les progrès de la liberté.

Il n'y a plus de serfs en Europe. Il n'y a plus d'esclaves aux Etats-Unis d'Amérique.

Il n'y en a plus au Brésil.

Et le mouvement de liberté qui emporte le monde se rattache à Louis XVI.

Louis XVI prit l'initiative de la liberté.

Au dehors, il défendit la liberté en soutenant la cause des colonies anglaises.
le titre de Restaurateur de la liberté française.

Au dedans, l'Assemblée Constituante lui décerna

Puis il vérifia cette loi terrible posée par Ballanche : « L'initié tue l'initiateur. »

« Il avait grandi, dit M. de Lamartine *(Histoire « des Girondins)*, dans la terreur du trône et dans « un amour religieux du peuple. »

« Il avait l'âme d'un réformateur et le senti- « ment philosophique de la nécessité des réfor- « mes » (J. Videm), mais le poids d'une situation inextricable pesait sur lui.

Il ne pouvait s'égaler aux circonstances que par le sacrifice. Il le comprit. Il le fit simplement, avec une grandeur d'âme qui a ému l'opinion et le cœur des peuples.

Dans ce prince, honnête homme, uniquement préoccupé de la justice, innocent de tous les crimes dont on l'a faussement accusé, le mouvement national a conservé sa pureté primitive et il a été consacré par un grand et solennel témoignage.

Déchu du pouvoir, il ne pouvait abdiquer la responsabilité de l'initiative qu'il avait prise; c'était une royauté morale dont il ne pouvait se dépouiller volontairement.

C'est pourquoi il ne pouvait, en mourant, s'envelopper dans la majesté et le dédain du silence. Car la nation et la postérité interrogeraient un jour sa pensée et sa parole.

Il devait donc parler, non pour essayer de sauver ses jours.

Qui pourrait lui imputer une telle faiblesse; ce serait une injure qui dépasserait tous les outrages qui lui furent prodigués : on sait qu'il fit supprimer la péroraison de sa défense, parce qu'il la jugea trop pathétique et capable d'exciter la pitié de ses juges.

Arrêtons-nous un instant devant ce drame solennel dans lequel va se concentrer pendant quelques heures la dispute de la Révolution française.

Louis XVI est devant la Convention. Il a voulu être défendu parce que sa défense sera son testament politique, dont l'authenticité ne pourra être contestée.

La défense a été concertée entre ses trois Conseils et lui.

Elle a été pesée, discutée, écrite, afin que rien ne fût abandonné au hasard de l'improvisation.

Lui, le représentant des siècles, héritier d'une longue suite de princes dans laquelle se résumait l'histoire de son pays, le voilà aux prises avec une révolution sanglante qui paraît être la négation du passé et le défi de l'avenir.

Ce n'est pas une solution, c'est une question pleine de mystère et d'épouvante.

Il n'avait pas à s'expliquer sur sa foi religieuse pour laquelle il allait mourir. Il n'avait rien à dire sur une solution quelconque des problèmes soulevés. La forme de la société était jetée dans la fournaise et nul ne pouvait prévoir ce qu'il en sortirait, mais il devait nier ou reconnaître le droit de la nation. Là était l'objet de la controverse.

C'est pourquoi, le moment fatal arrivé, son généreux et magnanime défenseur prononça ces paroles :

« La nation avait le droit d'abolir la royauté. »

« Elle a pu changer le gouvernement de la « France. »

Puis, lorsque la sentence inique fut rendue, il demanda l'appel au peuple, afin de dégager le peuple du crime de la Convention.

Cela fait, Louis XVI pouvait mourir.

Il avait achevé son œuvre;

Il avait fait trois choses de grande valeur qui honoreront à jamais sa mémoire;

Il avait innocenté le peuple du crime de son supplice par l'appel au peuple;

Il avait reconnu le droit de la nation;

Il avait consacré l'initiative française.

Comment, en effet, serait-il possible de ne pas distinguer désormais ce que Louis XVI a séparé avec un éclat immortel, à savoir, le mouvement national inauguré par lui, accepté par toute la France, et la direction anti-sociale dont il est mort victime.

Debout sur l'échafaud il voulut parler au peuple, mais le roulement de tambours ordonné par Santerre constata que la Convention s'était interposée entre le peuple et le roi. Mais le discours qu'il eût prononcé était écrit dans ses actes.

Ce discours, s'il était rétabli, sonnerait comme il suit :

« Français, je meurs innocent des crimes dont « on m'a faussement accusé.

« Je suis prêt à vous rendre compte de ma « conduite; je la livre au jugement de la pos- « térité.

« Vos ancêtres ont conclu un pacte avec le « chef de ma race. Ils lui ont dit, au moment de « son avènement au trône : « Nous ne reconnaî- « trons pas votre pouvoir si vous-même vous ne « reconnaissez pas la religion nationale.

« Mes prédécesseurs ont été fidèles à ce pacte. « J'ai gardé comme eux l'alliance contractée à « cette époque : c'était le premier de mes devoirs.

« Les droits de l'homme sont mal défendus tant « qu'ils ne sont pas placés sous la sauvegarde des « droits de Dieu.

« Vous avez cherché l'affranchissement de l'or« dre naturel des sociétés humaines. J'ai pour« suivi comme vous, loyalement et sincèrement, « au prix de tous les sacrifices, cette entreprise « immense qui soulevait les espérances de l'hu« manité et qui paraissait ouvrir devant vous une « ère nouvelle.

« J'ai voulu comme vous la liberté, le progrès, « la rédemption sociale, mais ces choses que vous « avez désirées sont vaines en dehors de la loi « divine sur laquelle repose la société. »

Tel est, certainement, le témoignage à l'ombre duquel Louis XVI a voulu mourir. Ce témoignage est l'honneur de sa mort, il protège sa mémoire.

CHAPITRE IX

Louis XVI

Lorsque le navigateur en approchant du port, enveloppé de ténèbres, cherche vainement sa route au milieu des écueils qui l'entourent, si tout à coup, à travers les déchirures des nuages, il aperçoit la lumière d'un phare, il se rassure, il reconnaît et poursuit son chemin.

Au milieu des difficultés, des ténèbres, des incertitudes de notre époque, une lumière semblable nous manquerait-elle? Et si elle existe, où la trouver?

Elle existe, sans doute, car la Providence ne refuse pas à l'humanité les secours qui lui sont nécessaires. Et lorsqu'Elle veut éclairer sa route, voici d'ordinaire comment Elle s'y prend.

Elle forme un juste, un grand homme de bien. Elle le met aux prises avec les difficultés, les périls, les crimes d'une époque, et de ce contact, qui est quelquefois un déchirement douloureux, jaillit la lumière qui éclaire l'horizon du toutes parts.

Louis XVI a été ce juste.

Après avoir traversé, avec la candeur et l'éclat de la vertu, les hontes du règne de Louis XV, il s'est trouvé tout à coup en présence de la crise la plus terrible qui ait jamais troublé, non pas un peuple seulement, mais l'humanité tout entière.

Jusqu'en 1789, la liberté humaine était une idée qui pouvait être l'objet des spéculations de la philosophie, mais elle n'avait pas d'existence politique.

La liberté dans l'ordre politique n'était comprise qu'à l'état de privilège attaché à la naissance, ou à la terre, ou à des intérêts quelconques.

La terre, les intérêts, la naissance avaient des droits, l'homme n'en avait pas.

L'homme, les nations, l'humanité, ces trois choses qui constituent la société humaine, n'avaient pas d'existence juridique. L'homme était ignoré. Et Joseph de Maistre pouvait dire : « J'ai bien « connu des Italiens, des Français, des Allemands; « mais l'homme je ne l'ai jamais vu. »

La Révolution française a posé la base d'un édifice nouveau.

L'édifice manque, mais la base est indestructible.

Impossible d'en mettre une autre à la place.

Cette base, c'est l'unité du genre humain.

Autrefois chaque cité se posait en dehors du genre humain.

« *Adversus hostem aeterna auctoritas esto* », dit la loi des XII Tables. Et dans cette phrase le mot *Hostis* avait le même sens qu'étranger. Tout étranger était un ennemi.

Les peuples vaincus étaient les esclaves du vainqueur. Le genre humain ne comptait plus.

Mais voilà que le peuple français proclame le dogme de l'unité humaine comme étant la base du droit public. Il ne revendique pas les droits des Français, mais les droits de l'homme.

Et c'est au milieu de cette explosion d'idées nouvelles, de revendications étonnantes, inouïes, que Louis XVI paraît.

Surpris par cette explosion que nous appelons aujourd'hui la Révolution française, dès le moment où il peut en mesurer la portée, il se dit : « Nul « doute que l'effervescence des esprits, l'agitation « générale ne cachent un mouvement d'une « immense portée.

« La Nation se lève. Elle veut prendre posses- « sion de ses droits dont elle avait abandonné « jusqu'à présent la tutelle à la royauté; s'il est « possible de la préserver d'elle-même dans cette « revendication périlleuse, je dois le faire.

« Mais si elle s'égare, quel sera mon devoir?

« Dois-je arrêter le mouvement et pour cela « entrer en lutte avec le peuple? — Non. — « Faire avorter cette révolution terrible serait un « plus grand mal que celui que j'empêcherais. « Je ne sais si j'y réussirais, mais le succès serait « déplorable.

« Ce serait un coup mortel porté à la Nation « dont l'énergie intérieure et l'indépendance exté-

« rieure recevraient en même temps une atteinte « irréparable. »

Ce raisonnement ressort de toute la carrière de Louis XVI et de tous les documents que nous connaissons.

Il est la substance d'une lettre admirable adressée à ses frères pour leur expliquer sa conduite et les détourner de la ligne politique adoptée par eux.

Ceux qui l'accusent de faiblesse le rendent responsable des fautes commises par les assemblées, les hommes, les partis avec lesquels il fut en contact.

On veut qu'il ait discerné à l'avance la solution du problème posé par la Révolution française, mais, après un siècle d'expériences successives, nous cherchons encore cette solution.

Il eût fallu un miracle pour la discerner et un second miracle pour l'imposer à la Nation.

Devait-il l'imposer s'il avait pu le faire? — Non, puisque la solution devait être la liberté, et par suite ne pouvait être que l'œuvre collective de la Nation et du souverain.

L'histoire de Napoléon Ier en est la preuve.

Il arriva au pouvoir dans les circonstances les plus heureuses.

Il y fut porté par une réaction qui était une vaste conspiration nationale en sens contraire de celle qui avait détruit la royauté.

La Nation était aussi affamée du pouvoir qu'elle avait mis d'ardeur et d'empressement à le détruire.

Soutenu par ce nouvel esprit public, il pût briser impunément tous les obstacles qui s'opposaient à sa volonté. Et cependant il échoua et il prouva qu'il est aussi impossible au pouvoir de se maintenir en absorbant la Nation, qu'à la Nation d'affermir sa liberté en détruisant ou en dégradant le pouvoir, car l'autorité et la liberté sont solidaires.

Napoléon entrevit la lumière à Sainte-Hélène lorsqu'il a dit ce mot fameux : « Le premier roi « qui, au milieu d'une commotion Européenne, se « mettra sincèrement à la tête des peuples, sera « maître du monde et il fera tout ce qu'il vou- « dra. »

C'est effectivement le rôle du pouvoir de représenter le peuple. C'est la condition de la liberté.

Lorsque cet accord nécessaire n'existe pas, la liberté est impossible.

Elle est remplacée soit par le despotisme, soit par l'anarchie, soit par la guerre civile latente ou effective; or c'était le désir et l'ambition de Louis XVI de représenter le peuple français, ambition loyale et intelligente.

La liberté ne subsiste point par elle-même, tant qu'elle n'est pas représentée, défendue et réalisée par le pouvoir. Les formes du gouvernement n'y peuvent rien.

Et si l'organisation de l'Europe est en question, l'unité de l'Europe sera l'œuvre de la liberté, non des armes.

CHAPITRE X

République et Monarchie

Avant que Louis XVI comparût en accusé devant la Convention, il avait reçu dans sa prison ses trois défenseurs : Malesherbes, Tronchet, de Sèze.

Là fut tenu le dernier conseil de la royauté.

Il ne s'agissait pas de discuter des mesures politiques.

La question était plus haute. Il s'agissait de peser, en présence de l'échafaud, en présence de l'éternité dans laquelle il allait entrer, l'initiative dont Louis XVI avait pris la responsabilité.

Puis il parut devant la Convention.

Roi, il ne pouvait pas désavouer la Monarchie, il reconnut la République.

Ce fait serait inexplicable s'il fallait admettre la question telle qu'elle est posée aujourd'hui entre la Monarchie et la République.

Mais est-il vrai que la République et la Monarchie soient deux principes opposés dont l'un est la négation de l'autre.

Poser une pareille question dans l'ordre métaphysique, c'est la résoudre. Il n'est pas même besoin de la résoudre; à peine posée, elle éclate d'elle-même comme une impossibilité. Elle se brise comme un non-sens.

Deux principes ne peuvent pas être opposés l'un à l'autre; autrement il faudrait admettre que la vérité peut être divisée et opposée à elle-même.

Mais ce qui est faux en métaphysique, ne peut pas être vrai en politique. Ce qui est vrai en politique comme en métaphysique, c'est que la République est un principe et n'est pas une forme de gouvernement.

La Monarchie, au contraire, est une forme de gouvernement et n'est pas un principe.

La République n'est pas une forme de gouvernement, c'est la chose publique *(Res publica)*. C'est la substance de l'Etat. C'est la Nation considérée indépendamment de son gouvernement. Et comme une Nation n'existe à l'état de Nation, comme elle ne se distingue d'une simple agglomération de familles que par la souveraineté; comme la souveraineté est le lien nécessaire de la chose publique, sans lequel cette chose n'existerait pas, il en résulte que la République peut se confondre et s'identifier logiquement avec le principe de la souveraineté nationale.

Il résulte de là encore que la République peut revêtir différentes formes.

Elle peut être fédérative, aristocratique, démocratique, monarchique.

Elle peut même, selon le conseil de Cicéron, revêtir en même temps quelques-unes de ces formes.

Elle peut, par exemple, combiner ensemble, comme en Angleterre, l'aristocratie, la démocratie, la monarchie.

La démocratie s'est fait une large part dans la constitution Anglaise. L'opinion publique y est toute puissante.

Elle tient ses assises dans des réunions importantes, non prévues par la Constitution, toujours respectées par le pouvoir lorsqu'elles ne menacent pas la Constitution.

Cette puissance n'est pas seulement tolérée, elle est reine.

On l'appelle le *Roi Meeting*.

Cependant l'aristocratie a sa part dans le gouvernement. La monarchie, bien qu'effacée, y joue encore un rôle important. Elle est le symbole de la patrie, le bien de toutes les classes et de tous les intérêts. Elle personnifie la Constitution, les traditions, le génie même de la vieille Angleterre.

En Angleterre, l'ancienneté est un titre et non un reproche. Ce qui est nouveau n'aurait pas d'autorité s'il n'était pas possible de le rattacher au passé.

Sous ce gouvernement qui fait de la royauté le symbole de la patrie, la fidélité à la royauté est une vertu publique que nous ne pouvons définir en français que par le mot *loyauté*. En même temps la patrie elle-même est évoquée comme une chose auguste.

Qui pourrait lire sans émotion ces paroles par lesquelles Nelson encourageait ses marins au moment d'une des batailles navales qui ont immortalisé sa mémoire : « L'Angleterre attend « de vous que chacun fera son devoir. »

Si nous traversons maintenant l'Atlantique, nous voyons que la liberté politique dans l'Amérique du Nord s'est affirmée d'une manière différente.

Là, l'élément fédératif remplace l'aristocratie. Il se combine avec la démocratie et avec un pouvoir monarchique qui, sous un nom différent, dépasse celui de la royauté Anglaise.

Louis XVI, placé par les événements en face de la question de la souveraineté, ne pouvait pas l'éluder. Cette question redoutable n'avait été agitée jusqu'alors que dans l'école ou dans les livres. Elle n'avait pas encore été livrée aux disputes de la place publique ou aux discussions des assemblées politiques.

Il fallait répondre nettement. La réponse fut digne d'un roi.

Elle fut à la hauteur de la crise dans laquelle s'agitaient les destinées de l'Europe.

« Les nations, dit Louis XVI par l'organe de son « défenseur, sont souveraines. Elles sont libres « de se donner la forme de gouvernement qui « leur paraît la plus convenable.

« Elles peuvent même, lorsqu'elles ont reconnu « le vice de celles qu'elles ont essayées, en adopter une nouvelle pour changer leur sort. »

Louis XVI traduisait la doctrine de l'Ecole que Bellarmin résume en ces termes :

« Les formes du gouvernement, dit-il, sont du « droit des gens, et non du droit naturel, puis- « qu'il dépend de la volonté de la multitude de « placer à sa tête un roi, des consuls, ou d'au- « tres magistrats, et, dans le cas d'une cause « légitime, la multitude peut échanger une royauté « en aristocratie et *vice versa*, ainsi que cela s'est « vu à Rome. »

Ce droit du peuple de déterminer la forme du gouvernement, et de le modifier dans le cas d'une cause légitime, c'est bien là ce que l'on appelle, dans le langage moderne, le principe républicain.

Ce principe n'est pas autre chose que la souveraineté nationale. Il existe sous tous les gouvernements. Il est la base de toute constitution monarchique ou non monarchique, aristocratique ou démocratique.

C'est un principe parce qu'il est de droit naturel selon le langage de l'Ecole, tandis que les formes du gouvernement étant du droit des gens sont des lois et non des principes.

Un principe est une loi non humaine, mais divine, expression nécessaire, universelle de la nature des choses.

Il résulte de là que l'hérédité, lorsqu'elle est établie par la Constitution, est une loi, un usage, une tradition, mais n'est pas un principe.

Autrement il faudrait admettre que le pouvoir est héréditaire de sa nature comme la propriété.

Les conséquences d'un tel principe en sont la réfutation évidente. Mais le principe de la souveraineté nationale reconnu par Louis XVI ne suffirait pas pour légitimer l'abolition de la royauté, car si la nation a le droit de changer la forme du gouvernement, il faut pour cela qu'elle ait une cause juste. Et comment la Nation pourrait-elle prononcer justement la déchéance de celui qu'elle avait proclamé elle-même restaurateur de la liberté française?

Si le principe de la souveraineté nationale était la négation de la Monarchie, Louis XVI aurait renié les traditions de sa race.

S'il avait reconnu la justice de sa déchéance, il se serait calomnié lui-même; cependant il s'abstint de protester contre cette déchéance et il se conduisit comme s'il reconnaissait le gouvernement nouveau qui avait succédé au sien.

Il le reconnut officiellement lorsqu'il accepta la juridiction de la Convention et consentit à se défendre devant elle.

Il avait expliqué d'avance la raison de sa conduite dans ces lignes sublimes adressées à ses frères :

« J'ai préféré la paix à la guerre, parce qu'elle « m'a paru à la fois plus vertueuse et plus utile. « *Je me suis réuni à mon peuple* parce que « c'était le seul moyen de le ramener, et, entre « deux systèmes, j'ai préféré celui qui ne m'accu- « sait ni devant mon peuple, ni devant ma cons- « cience. »

Voilà le système de Louis XVI. Il transporte la politique dans une sphère nouvelle où peu d'hommes d'Etat l'avaient portée avant lui.

Or, la France était attaquée alors par une coalition formidable. Son existence était en péril; c'était un argument nouveau et décisif pour Louis XVI en faveur de la ligne de conduite qu'il avait adoptée.

Comment diviser la France en présence de l'étranger?

Comment ne pas rallier tous les Français autour du seul gouvernement qui pût prendre en main la défense nationale?

Ce fut le conseil que Louis XVI donnait implicitement à tous les Français, et il leur donna ce conseil par le plus grand sacrifice que le salut de la patrie avait jamais pu dicter à la conscience d'un roi.

CHAPITRE XI

Les Dynasties françaises

La France a eu successivement quatre dynasties qui ont fait grande figure dans l'histoire.

Ce n'est pas l'hérédité qui les a élevées et les a rendues capables de porter les destinées de la Nation. C'est, au contraire, la vie nationale existant en elles qui a déterminé l'hérédité.

L'hérédité n'était pas le principe générateur de la monarchie, elle n'était pas cause, mais effet.

L'hérédité est le signe qu'une race royale existe et qu'elle a été acceptée par le peuple....

Dans ce cas, elle est soutenue par un suffrage universel latent, et ce suffrage, quoique non exprimé, a la même force que s'il avait été formulé.

Supposez au contraire que cet assentiment n'existe plus, la monarchie ne tiendra plus debout.

« On voit dans la formule de consécration de « Pépin, dit Montesquieu, que Charles et Carloman « furent aussi oints et bénis, et que les seigneurs « français s'obligèrent sous peine d'interdiction

« et d'excommunication de n'élire jamais per-« sonne d'une autre race. »

Le droit d'élection n'était pas douteux.

Sous les Carlovingiens il fut restreint, non par l'intervention de la famille régnante, mais par la volonté unilatérale des électeurs.

« Lorsque l'Empire passa dans une autre mai-« son que celle de Charlemagne, dit encore Mon-« tesquieu, la faculté d'élire qui était restreinte « et conditionnelle devint pure et simple. »

L'alliance de la troisième race avec la Nation ne fut pas davantage l'application d'un principe, mais un fait dont le développement est facile à saisir dans l'histoire.

Robert II en 938 -- Henri Ier en 1027 — Louis le Gros en 1105 — Louis VII en 1131 — Philippe-Auguste en 1179, furent non seulement sacrés, mais associés à la royauté du vivant de leurs pères.

La succession héréditaire existait de fait, non de droit. Et chaque prince régnant, pour assurer la couronne à son fils, avait soin de prendre la précaution, non seulement de le faire élire de son vivant, mais encore de le mettre lui-même en possession de la royauté afin qu'il n'y ait pas de difficultés à sa mort.

Non seulement le principe, mais la loi même de l'hérédité n'existait pas. Elle se formait par l'usage.

Lorsque la loi fut certaine et hors de contestation, les formes électives furent constamment appliquées au sacre du roi de France. C'était le droit public de toute l'Europe.

M. Auguste Nicolas n'admet pas que cette partie des cérémonies du sacre n'ait été qu'une vaine formalité.

Il rapporte dans son livre, *l'Etat sans Dieu*, ce qui se passa au sacre d'Edouard VI, fils de Henri VIII.

« L'Archevêque apostat Cranmer, dit-il, au « grand étonement des Anglais, osa dans cette « cérémonie remplacer l'interrogation du peuple « intervenant comme partie stipulante, par une « allocution où il disait que ce prince ne tenait « pas sa couronne de la volonté du peuple. »

M. Auguste Nicolas constate que cette innovation était contraire à la grande Ecole catholique de saint Thomas d'Aquin, de Bellarmin, de Suarez, etc., « qui s'est inspirée, dit-il, de l'antiquité et « de la tradition autant que du bon sens et de « la nature des choses, laquelle professe au « contraire que si le pouvoir dans son essence est « de Dieu, il n'arrive au prince que par la nation, « que celle-ci en a la provision dans la nature « sociale de l'humanité d'où elle en fait dévolu- « tion au gouvernement qu'elle se donne.

CHAPITRE XII

Napoléon Ier

Parlons un peu de l'Empereur Napoléon Ier, fondateur de la quatrième dynastie. Ce météore qui après Louis XVI a porté un instant les destinées de la France et de la Révolution française et dont la carrière jette une vive lumière sur les problèmes de notre époque.

Pour s'en rendre compte, le mieux est de le laisser parler lui-même.

Un jour, dit l'auteur du *Mémorial de Sainte-Hélène,* la conversation amena l'Empereur à parler de son expédition d'Egypte et de Syrie : les plus petites circonstances, dit-il, conduisent les plus grands événements. La faiblesse d'un capitaine de frégate qui prend chasse au large, au lieu de forcer son passage dans le port, quelques contrariétés de détail dans quelques chaloupes ou bâtiments ont empêché que la face du monde ne fût changée.

Saint-Jean-d'Acre enlevé, l'armée française volait à Damas et à Alep; elle eût été en un clin d'œil sur l'Euphrate; les chrétiens de la Syrie, de l'Arménie se fussent joints à elle, les populations allaient être ébranlées.

L'un des interlocuteurs ayant dit que l'on aurait été bientôt renforcé de cent mille hommes, « Dites de six cent mille hommes, reprit l'Empereur; qui peut calculer ce que c'eût été? J'aurais atteint Constantinople et les Indes, j'aurais changé la face du monde, je prenais l'Europe à revers. La vieille civilisation Européenne demeurait cernée. Et qui eût songé alors à inquiéter le cours des destinées de notre France, ni celui de la génération du siècle, qui eût osé l'entreprendre? qui eût pu y parvenir? »

Certes, ce mouvement tournant embrassant l'Europe tout entière et finissant d'un seul coup la querelle de l'Europe et de la France, eût été la plus belle conception stratégique de l'histoire.

C'était autrement audacieux que le passage des Alpes.

On voit donc que ce jeune général de la République française croyait bien avoir emporté dans les plis de son drapeau la mission de la France.

Et alors, elle ne planait pas seulement sur la France et sur l'Europe, elle flottait sur le monde. S'il eût réussi, la France nouvelle aurait accompli par lui le mouvement commencé par les croisades et que Leibnitz avait inutilement rappelé à Louis XIV.

L'illustre historien des croisades, M. Michaud, ne doute pas que le général Bonaparte n'ait eu sous les yeux le mémoire de Leibnitz. Il fait honneur non seulement au génie, mais à l'esprit pratique de ce grand homme qui n'avait rien omis des précautions et des moyens à employer pour amener à bonne fin l'expédition qu'il conseillait à un roi de France et qu'un général républicain devait exécuter.

L'Allemagne ne pensait pas alors qu'il fût utile au genre humain de rayer la France de l'histoire. Au contraire, un de ses plus illustres enfants, des plus généreux et des meilleurs, s'adressait à la France dans l'intérêt général de la civilisation et la conjurait d'accomplir ce qu'il considérait comme sa mission pour le bien de l'humanité.

Napoléon, consulté à Jaffa par les officiers de santé, fit cette réponse : « Messieurs, je suis « venu ici pour fixer l'attention et reporter l'in« térêt de l'Europe sur le centre de l'ancien « monde, et non pour entasser des richesses. »

Enfin l'auteur du *Mémorial de Sainte-Hélène* dit, en parlant des *Mémoires de la Campagne d'Egypte* : « Ces *Mémoires* fixeront les idées qui « ne furent dans le temps que des conjectures et « des discussions pour une partie de la société. « L'acquisition en fut calculée avec autant de « jugement qu'exécutées avec habileté. »

Si Saint-Jean-d'Acre eût cédé à l'armée française, une grande révolution s'accomplissait en Orient. Le général en chef y fondait un empire.

Plus tard, lorsque la fortune des armes l'eût rendu maître de la plus grande partie de l'Europe; lorsque parvenu à l'apogée de sa puissance il discute avec l'Empereur Alexandre dans les conférences de Tilsit le règlement des affaires de l'Europe, il paraît encore dominé par la même idée.

La question d'Orient fut souvent l'entretien des deux Empereurs. Se croyant maîtres de régler entre eux seuls le partage d'une succession non encore ouverte, ils s'accordaient assez facilement sur les conditions de ce partage tant qu'il s'agissait seulement des provinces de l'Empire Ottoman; mais quand il arrivait à parler de la possession de Constantinople vivement désirée par l'Empereur de Russie, Napoléon s'arrêtait, et un jour, dit M. Thiers, on l'entendit s'écrier à plusieurs reprises : « Constantinople! Constantinople! « Jamais! C'est l'empire du monde. »

Il ne voulait pas, continue le même historien, que l'œuvre la plus éclatante des temps modernes fût accomplie par quelqu'un à sa face, à côté de lui.

Napoléon se plaçait évidemment dans sa pensée au rang de ces hommes de grande race et de haute stature qui apparaissent à de longs intervalles sur la scène de l'histoire et paraissent destinés à terminer une période historique et à en ouvrir une nouvelle.

Il se croyait de force à déterminer dans la civilisation moderne les changements que la marche des choses humaines avait rendus nécessaires. Et cette nouvelle forme de la civilisation installée par lui à Constantinople aurait dominé à la fois l'Orient et l'Occident.

On ne fait pas assez attention qu'il n'y a plus d'Amérique, a dit Joseph de Maistre; bientôt il n'y aura plus d'Asie. Ce qui se prépare est immense, et tout ce que nous avons vu n'est qu'une préparation.

Napoléon roulait dans sa tête ces grandes idées. Son regard d'aigle plongeait dans ce vaste horizon. Ceux qui ne voient dans Napoléon qu'un dictateur oublient d'expliquer quelle était la raison de cette dictature et d'où elle tirait sa force.

La puissance du génie est également un mot qui n'explique rien. Le génie est fait de lumière et de raison.

L'homme peut abuser de la puissance que lui ont donnée ses conceptions. Il peut les altérer et les fausser au profit de son ambition personnelle; mais ses conceptions avaient sans doute quelque valeur, autrement on ne comprendrait pas d'où lui serait venue la force même qui lui a permis d'en abuser.

Si Napoléon n'avait été qu'un homme de guerre, s'il n'avait eu à sa disposition que la victoire matérielle des champs de bataille, le rôle politique essayé, ébauché par lui n'eût pas été possible.

La force ne suffit pas pour gouverner les hommes, il le savait bien. Mais il parut l'oublier, et l'Europe coalisée qui avait subi elle-même l'ascendant de son génie, finit par lui arracher le sceptre de l'Occident qu'il avait porté si fièrement et avec un si grand éclat.

Il fallut bien alors découvrir le plan qu'il avait poursuivi, qui était la raison secrète de ses entreprises gigantesques.

Il le fallait pour se justifier aux yeux de l'Europe et aux yeux de la France.

Nous avions alors pour but, dit-il — acte additionnel aux Constitutions de l'Empire promulguées le 22 avril 1815 — d'organiser un grand système fédératif Européen que nous avions adopté comme conforme à l'esprit du siècle et favorable au progrès de la civilisation; pour parvenir à le compléter nous avions ajourné l'établissement de plusieurs institutions intérieures plus spécialement destinées à protéger la liberté des citoyens. Notre but n'est plus désormais que d'accroître la prospérité de la France par l'établissement de la liberté politique.

Si Napoléon a échoué, ce n'est donc pas par la faiblesse ou la décadence de la civilisation qu'il croyait représenter.

Ce n'est pas non plus par insuffisance. Il n'était inférieur à aucun de ses devanciers.

Mais, il faut le dire, le problème social était plus vaste, plus compliqué que lorsqu'il s'est présenté devant César et devant Alexandre.

Il contenait des données nouvelles que César et Alexandre pouvaient ignorer, que Napoléon ne pouvait méconnaître impunément et dont la solution précise était absolument nécessaire.

Charlemagne, dont il se disait le successeur, ne s'était pas trouvé en présence d'un conflit entre la civilisation Européenne et l'Eglise catholique.

Là se trouve sans doute la cause principale de la chute de Napoléon Ier; mais sur ce point encore il faut être équitable. Il ne faut pas lui refuser la justice que Pie VII n'a pas craint de lui rendre.

Il adopta les princes de sa famille qui, repoussés de tous les Etats de l'Europe, trouvèrent à Rome une hospitalité royale.

C'est lui qui écrivait au cardinal Gonsalvi ces lignes empreintes d'une charité sublime et d'une souveraine et magnifique justice : « La pieuse « et courageuse initiative de 1801 nous a fait « oublier et pardonner depuis longtemps les torts « subséquents. Savonne et Fontainebleau ne sont « que des erreurs de l'esprit ou des égarements « de l'ambition humaine. Le Concordat fut un acte « héroïquement et chrétiennement sauveur. »

Napoléon a posé toutes les questions; et il les a posées avec audace et avec la lumière du génie, il ne les a pas résolues.

Général de la République française, il n'a pas dénoué et il n'a pas su trancher comme Alexandre le nœud gordien.

Empereur, il n'a pas deviné l'énigme dont la solution aurait affermi le sceptre dans ses mains.

Mais c'était une illusion de penser que l'idée napoléonnienne refoulée jusque dans les anciennes limites de la France y serait tolérée par l'Europe. L'Europe poursuivit sa victoire jusqu'au bout. Dans ce duel gigantesque, l'un des adversaires devait succomber. Mais la Providence, en abaissant Napoléon de la hauteur prodigieuse où elle l'avait élevé, le préserva de l'injure des hommes. Elle maintint autour de son front la majesté du génie et de la gloire, tellement que sa captivité et sa mort au milieu de l'océan, loin de le diminuer dans l'imagination des peuples, ajoutèrent au contraire à sa mémoire je ne sais quel prestige, quel éclat mystérieux que le succès n'aurait peut-être pas égalé.

Du reste le succès n'est pas toujours la mesure des hommes. Qui voudrait mesurer par le succès Alexandre, César, Annibal?

Les deux premiers réussirent; le troisième, plus extraordinaire peut-être, échoua.

Alexandre, selon l'expression de Plutarque, avait répandu la Grèce en Orient, il avait mêlé l'Orient avec l'Occident, il avait fondé dans Alexandrie un nouveau foyer de la civilisation. César ne fut pas moins heureux.... César et Alexandre ont réussi. Napoléon et Annibal ont échoué.

Annibal représentait une civilisation condamnée, il fut le dernier éclat, la dernière lueur de l'Orient que Rome devait supplanter. Mais Napoléon représentait une civilisation qui n'avait cessé de grandir depuis quatorze siècles, et qui cependant n'avait pas atteint son développement. Elle n'avait pas de rivale dans le monde. Sans doute cette civilisation occidentale que Napoléon croyait représenter traversait une crise terrible; mais il était persuadé qu'elle en sortirait victorieuse; que les antinomies entre les lois essentielles des sociétés et les aspirations nouvelles des peuples s'effaceraient peu à peu par le temps, par la lumière de la discussion et enfin par la vitalité même et par l'instinct de conservation qui anime toujours les sociétés. Non seulement il pensait qu'elle sortirait victorieuse de cette crise; mais il était persuadé qu'elle se répandrait sur de nouveaux théâtres, et lui-même voulut la porter en Orient.

Cette idée seule était du génie. Il échoua; mais la pointe de son épée dirigée contre Constantinople avait indiqué le rendez-vous futur des nations.

« Il avait vu dans l'avenir cette grande fusion « de l'Occident et de l'Orient que tout annonce, « que tout prépare et d'où doit jaillir un nouvel « éclat de lumière et une nouvelle transformation « de la société des hommes. » *(Annales Algériennes,* par M. E. Pélissier, capitaine d'Etat-Major).

Les paroles que je cite sont du duc de Malakoff. Il les écrivait lorsqu'il était capitaine d'Etat-Major en Algérie; il ne savait pas alors qu'il était appelé à jouer un rôle éclatant sur ce théâtre prédestiné vers lequel gravitent lentement toutes les forces des nations et toutes les ambitions humaines.

CHAPITRE XIII

Les Traditions

Louis XVI ne pouvant être arbitre fut martyr de la vérité sociale.

Martyr veut dire témoin.

Depuis ce témoignage solennel, le problème de la civilisation est resté en suspens.

La France ne voit plus au delà de ses frontières une autre France armée contre elle; mais dans son propre sein il y a deux patries distinctes, opposées; chacune d'elles a son propre drapeau. Sur l'un de ces drapeaux on lit ces mots : Autorité, Tradition; sur l'autre : Liberté, Progrès.

Ces deux cités ne parlent plus la même langue, ce sont deux mondes qui s'ignorent et ne se comprennent plus.

La première a recueilli les souvenirs, les traditions de la France ancienne. Elle croit posséder le palladium des destinées de la France.

« Un peuple, disent ses adeptes, vit par ses « traditions. Les traditions ne sont pas seulement

« la force, la puissance; c'est le sang du pays.
« Rompre avec elles d'une manière définitive, ce
« serait arrêter la sève de l'arbre, ce serait la
« mort.

« Couper un peuple en deux dans le temps
« comme dans l'espace, c'est le tuer.

« Dire que la France ancienne a pris fin
« en 1789 et qu'à partir de ce moment une autre
« France a paru dans le monde, c'est dire une
« chose qui n'a pas de sens.

« Il n'est pas possible qu'un peuple finisse à
« un certain moment et qu'il recommence le len-
« demain. »

Tout cela est très vrai; mais il faut s'entendre sur le sens de ce mot : *Traditions*.

La tradition est le développement du droit public d'une nation.

La royauté a été une partie du droit public de la France, mais non la plus importante.

A la base du droit public existait nécessairement la souveraineté nationale qui s'est exercée longtemps par le droit d'élection qui est l'essence de la République.

En reconnaissant la République, Louis XVI n'a donc pas méconnu le droit public de la France.

La République et la Monarchie peuvent s'accorder ou se séparer l'une de l'autre. Napoléon Ier, en inscrivant sur les pièces de monnaie frappées à son effigie ces mots : *République Française — Napoléon Ier, Empereur*, était parfaitement d'accord avec la vraie doctrine politique. Et la France en abolissant la royauté n'a pas méconnu le droit public.

Ceux qui ne voient dans les traditions de la France que la royauté, divisent et par conséquent altèrent le droit public.

Ceux qui condamnent dans la patrie la forme monarchique et qui en méconnaissent les gloires et les services rendus se trompent d'une autre manière.

La France n'est pas enchaînée par les traditions monarchiques; mais si elle en méconnaissait la grandeur, elle s'amoindrirait elle-même.

Du reste il serait également injuste de méconnaître la grandeur des traditions monarchiques et la grandeur des traditions démocratiques qui ont constamment dominé l'histoire et par suite les monarchies et les aristocraties.

Et cela devait être ainsi; car les monarchies et les aristocraties ont existé pour les peuples, tandis que les peuples n'existaient pas pour les monarchies et les aristocraties.

CHAPITRE XIV

La Révolution française et les Droits de l'homme

La Révolution française a proclamé les droits de l'homme.

C'était emprunter un dogme chrétien à l'Eglise catholique : le dogme de l'unité humaine, pour en faire la base du droit public Européen.

Et, de fait, l'homme n'existait jusqu'alors que dans l'Eglise catholique, cité ouverte à tous les hommes, dans laquelle chacun pouvait entrer et revendiquer la place qui lui était offerte.

Quand Jésus-Christ, le fondateur de cette cité nouvelle, comparut en accusé devant Pilate, comment fut-il désigné?

Il était rejeté par la nation Juive.

Il n'était pas citoyen Romain, autrement il n'aurait pas pu être crucifié. Il a été traité en esclave : l'esclave n'appartenant à aucune patrie.

Pilate, en le présentant au peuple, dit : *Ecce homo* : voilà l'homme.

Et lui-même se nommait de ce nom, puisqu'il s'appelait le Fils de l'homme.

Et cependant cet homme était roi dans l'opinion de Pilate.

Il appartenait à une cité existant en dehors de toutes les nationalités.

C'est cette cité universelle, existant en dehors de tous les gouvernements, qui a été proclamée par le peuple Français.

Mais cette base du droit public qui contenait la liberté du monde, les philosophes l'ont empruntée à l'Eglise catholique, car l'unité du genre humain ne ressort pas de la raison. C'est une vérité de foi sans laquelle la Rédemption du genre humain ne serait pas possible.

C'est donc sur une vérité chrétienne que les révolutionnaires ont proposé sans le savoir la liberté du monde.

CHAPITRE XV

Le Pape

Lorsqu'un individu est élevé à la dignité papale, il sort de la nationalité à laquelle il appartenait. Cependant il reste citoyen, autrement il n'appartiendrait plus à l'ordre naturel.

Il reste citoyen et il entre dans la cité naturelle, universelle des hommes, et il y entre en souverain.

En 1848, le Pape s'est montré favorable au mouvement d'émancipation qui entraînait l'Italie à secouer le joug de l'Autriche : mais, se considérant comme le père de toutes les nations chrétiennes, il n'a pas cru devoir intervenir autrement que par des conseils dans le conflit entre le Piémont et l'Autriche. A cette époque les adversaires du pouvoir temporel ont trouvé que Pie IX avait bien agi comme Pape; mais ils ajoutaient que comme prince temporel il avait trahi l'Italie.

De là, ils ont tiré cette conséquence que la royauté temporelle et le souverain pontificat étaient deux titres incompatibles.

Les plus modérés concluaient qu'il fallait au moins diminuer les inconvénients du pouvoir temporel et pour cela le restreindre dans des limites étroites.

L'objection tirée de la conduite du Pape en 1848 est restée sans réponse. C'est que la notion du pouvoir temporel, même chez les catholiques, est incomplète; car tous ou presque tous regrettent l'annulation du traité de Zurich qui conférait au Pape le titre de Président de la Confédération Italienne, et par conséquent faisait du Pape un *prince Italien*.

Mais s'il n'est qu'un prince Italien, comment expliquer sa conduite en 1848? Je parle de la conduite du prince.

Il faut donc que le Pape soit comme prince tout autre chose qu'un prince Italien.

L'Italie n'a jamais été un seul Etat, une seule Nation, vivant de sa vie propre, ayant Rome pour capitale.

Rome a conquis l'Italie pièce à pièce, comme toutes les autres provinces de l'Empire. Jamais Rome n'a appartenu à l'Italie.

Au nom du droit historique, Rome pourrait revendiquer l'Italie, mais l'Italie ne pourrait pas revendiquer Rome.

C'est ce que Mazzini comprenait parfaitement. Le Pape n'est donc pas un prince Italien.

Pour comprendre ce qu'il est comme Prince, il faut distinguer, dans le pouvoir du Pape, deux éléments.

Le premier élément de ce pouvoir c'est d'être un moyen providentiel d'assurer, non l'indépendance naturelle du Pape, il a pour cela des garanties plus sûres et plus magnifiques, mais la facilité du gouvernement spirituel de l'Eglise.

Voilà le premier élément, le seul que le Pape ait jugé à propos de défendre; mais il y a un second élément qu'il est nécessaire de dégager aujourd'hui.

Le pouvoir temporel n'est pas seulement une garantie pour l'Eglise, il est, de plus, au point de vue de l'ordre naturel, une pièce capitale de l'organisation de l'humanité, et cette pièce est tellement nécessaire que sans elle l'organisation de l'humanité serait impossible.

C'est la pierre angulaire de la cité universelle des hommes.

Le pouvoir temporel n'est pas un débris du passé survivant quelques jours à une civilisation éteinte.

C'est la pierre d'attente de l'avenir dont les constructions précédentes n'ont été que des ébauches, et la raison de ce fait, la voici :

C'est que tout représentant complet, universel de l'ordre naturel, doit être par cela même le représentant de l'ordre surnaturel, et réciproquement tout représentant complet, universel de l'ordre surnaturel, doit être par cela même le représentant de l'ordre naturel; car si l'on m'accorde que l'ordre naturel a été fait pour être adapté à l'ordre surnaturel, je demande comment l'ordre naturel pourrait être représenté dans sa vie parfaite, dans sa plénitude, si celui qui le représente n'était pas compétent pour définir avec sûreté les rapports de l'ordre naturel avec l'ordre surnaturel.

Adam — Noé — Abraham — représentants parfaits, universels de l'ordre naturel, étaient par cela même et en même temps les représentants de l'ordre surnaturel.

Réciproquement, en vertu de la même loi qui est l'unité de la création, tout représentant complet, universel de l'ordre surnaturel, est par cela même le représentant de l'ordre naturel, puisqu'il représente l'ordre naturel élevé à la dignité surnaturelle.

C'est pourquoi le Pape conserve parmi ses titres celui de patriarche œcuménique, titre qui rappelle qu'il est l'héritier et le successeur des patriarches.

Le Pape est donc, dans l'ordre naturel, le représentant de toute la famille humaine, et non pas seulement d'une nation quelconque.

Il reste citoyen quand il devient Pape, mais les liens qui l'attachaient à une cité particulière sont brisés, et il reste seulement citoyen de la cité universelle des hommes dans laquelle il entre en souverain.

Dans cette cité, il est manifeste qu'il ne peut pas être sujet. Elle ne peut pas le gouverner. C'est lui qui en connaît et qui en maintient la loi, je dis la loi naturelle.

Le juge non délégué ne peut pas être sujet. Il est donc roi et il régnera à Rome parce que Rome est le seul point du globe où, par une disposition très remarquable du gouvernement de la Providence, le peuple qui l'occupait s'est confondu avec elle et ne peut plus, sans un déchirement douloureux, en être séparé pour faire une nation distincte; de sorte que Rome est devenue, par le jeu des événements, par la marche de l'histoire conduite par Dieu, ce qu'il fallait qu'elle fût pour l'organisation de l'humanité, à savoir, la maison commune indivise de l'humanité, le foyer paternel qui ne doit pas entrer dans le partage et qui ne peut pas plus appartenir à l'Italie qu'à toute autre nation, en un mot la capitale du monde au point de vue de l'ordre naturel aussi bien qu'au point de vue de l'ordre surnaturel.

En 1848, le Pape a donc bien agi comme prince temporel, car il représentait non l'Italie, mais l'humanité.

CHAPITRE XVI

Conclusion : La Liberté

Nous touchons à la plus grande des époques religieuses, a dit Joseph de Maistre.

Remarquez qu'il ne dit pas à une grande époque, mais à la plus grande des époques religieuses.

La Sybille de Cumes avait prédit qu'après un certain nombre de siècles les astres reviendraient dans la même situation où ils étaient à la naissance du monde, et comme, d'après l'opinion de l'antiquité, les astres indiquaient et signifiaient les événements de la terre, la révolution sidérale prédite par la Sybille indiquait une révolution semblable sur la terre, par laquelle la création devait être restaurée dans son intégrité.

Virgile, dans la quatrième *Eglogue*, traduit magnifiquement la prophétie de la Sybille, il affirme qu'elle va se réaliser :

« Ultima cumei venit jam Carminis aetas,
« Magnus ab integro saeclorum nascitur ordo.
« Iam redit et virgo ; redeunt saturnia regna ;
« Iam nova progenies cœlo demittitur alto. »

« *redit et virgo; redeunt saturnia regna; jam* « *nova progenies cœlo demittitur alto.* »

Ainsi Virgile annonce l'avènement d'un enfant divin dont le règne merveilleux, salué par lui en termes enthousiastes, doit réparer toutes choses.

Dans cette marche triomphale qui part d'une extrémité des temps pour aboutir à l'autre, le point de départ et le but sont également certains; la route seule est variable parce qu'elle dépend de la liberté humaine.

Les contrées, les cités, les civilisations visitées par cet hôte divin peuvent refuser de l'accueillir, et après l'avoir accueilli, elles peuvent le rejeter.

Un empereur Romain marchant à la tête de son armée sur la terre prédestinée des Gaules vit un signe dans le ciel; il leva les yeux et il lut ces mots autour de la croix qui lui apparaissait : « Par ce signe, tu vaincras ! »

Il vainquit en effet.

Le supplice du Calvaire reçut alors à la face du monde son vrai caractère, sa véritable signification; il fut montré comme le sacrifice d'un Dieu réconciliant toutes choses au ciel et sur la terre.

Il apparut comme la grande victoire remplissant, inondant toute la création de sa majesté et de sa splendeur.

Les deux cités dans lesquelles se réunissaient les forces de l'humanité, l'Empire Romain et la Synagogue, l'une concentrant tous les rayons de la gloire humaine, l'autre dépositaire aveugle des traditions, diamétralement opposées sur toutes choses, ennemies l'une de l'autre, se trouvèrent d'accord un seul jour, réunies par la complicité du même crime.

Par ce fait, elles s'étaient jugées elles-mêmes; elles s'étaient condamnées à disparaître pour faire place à un monde nouveau.

Saint Paul l'annonce et en propose le plan.

Il change la notion de la justice. Désormais la justice étroite et imparfaite du vieux monde ne suffira plus; il en faudra une autre que les hommes ne connaissaient pas et qui renouvellera toutes choses dans le Christ.

Le nouveau monde annoncé par saint Paul reposait dans l'ordre politique sur ces trois paroles : « Toute puissance vient de Dieu. »

« *Omnis potestas a Deo.* »

« Les nations sont concorporelles et cohéritières « de la promesse. »

« Toutes choses doivent être renouvelées dans « le Christ. »

« *Omnia instaurare in Christo.* »

Cet idéal, devenu depuis ce moment le but et la raison du progrès de la civilisation, était la condamnation du vieux monde.

Il y a quelque chose de plus grand que la liberté aristocratique; il y a quelque chose de plus grand que la liberté démocratique, c'est la liberté de tous, la liberté humaine; la liberté de l'homme à titre d'homme.

L'antiquité ne l'a pas connue; elle ne l'a pas

crue possible. Ou plutôt l'idée d'une liberté lui fut absolument étrangère.

Platon, dans sa *République idéale*, laissant toute carrière à son imagination, n'ayant aucune concession à faire à l'empire des faits établis, suppose l'existence de l'esclavage comme une pièce nécessaire à l'ordre social.

L'idée de l'abolition de l'esclavage vient du christianisme; elle s'est développée, elle s'est réalisée par le christianisme.

« Jésus-Christ-Dieu se faisant homme a détrôné « l'homme qui se faisait Dieu. Il a posé sur la « liberté l'axe du monde qui reposait sur l'es« clavage. » (Louis Veuillot).

Nous sommes arrivés au moment où il est possible de saisir et de toucher du doigt cette immense révolution.

Si elle s'accomplit, si elle surmonte les obstacles qu'elle rencontre dans sa marche; si elle réussit à conjurer les périls qui la menacent, il n'y aura pas eu dans l'histoire d'événement plus important.

Aujourd'hui, l'humanité rejette la tutelle qu'elle avait subie jusqu'à présent, elle réclame la liberté au nom de laquelle le citoyen est libre à titre d'homme et les nations souveraines, disposant d'elles-mêmes et reconnaissant chez les autres le droit qu'elles revendiquent pour elles.

Si ce nouveau monde s'établit, ce sera un événement semblable à la sortie d'Egypte du peuple Juif.

On lit dans le livre de l'Exode : « Dieu dit à « Moïse :

« Va dire à Pharaon : Voici ce que dit le Sei- « gneur : Laisse aller mon peuple afin qu'il me « sacrifie dans le désert. »

Ainsi la liberté est nécessaire au sacrifice, et en même temps le sacrifice, c'est-à-dire l'hommage de la liberté à Dieu, est la raison d'être de la liberté.

Cela étant, la liberté ne sera pas, ou elle sera par le règne social de Jésus-Christ.

Voilà pourquoi le soin de la liberté a été confié à cette nation de laquelle on a dit qu'elle était née d'un acte de foi sur un champ de bataille.

Son nom signifie liberté, et parce qu'elle représente la liberté, elle devait porter en même temps le règne social de celui qui a dit : « La vérité « vous délivrera. »

De sorte que si la France prend réellement cette initiative, elle ne sera pas seulement témoin de la liberté, elle sera le témoin de Dieu.

Ce témoignage manque au monde et il doit être l'œuvre de la France.

TABLE DES MATIÈRES

8-716 AVIGNON. — IMP. AUBANEL FRÈRES

IMP
AUBANEL
FRERES
AVIGNON

www.ingramcontent.com/pod-product-compliance
Ingram Content Group UK Ltd.
Pitfield, Milton Keynes, MK11 3LW, UK
UKHW021559260726
13993UKWH00002B/936

9 782329 181042